Poesie napoletane

'A LIVELLA

ANTONIO DE CURTIS
TOTÒ

'A LIVELLA

Poesie napoletane

Introduzione di
LUCIANO DE CRESCENZO

GREMESE EDITORE

Copertina: Antonio Dojmi

Fotocomposizione: Graffiti - Roma

Stampa: Pisani - Isola del Liri (Fr) - Roma

Casella postale 14301 - 00149 Roma

ISBN 88-7605-597-5

INTRODUZIONE

In una giornata di caldo particolare (e quando fa caldo può accadere di tutto) sorse una disputa assurda, quanto inutile, tra Renzo Arbore e Tullio Kezich: «Chi è più importante, Chaplin o Totò?». Arbore, ovviamente, faceva il tifo per Totò e Kezich per Chaplin. A distanza di pochi giorni, poi , si formarono addirittura due partiti: i totomani e chapliniani.

Io, ovviamente, non potevo che arruolarmi tra i primi e di conseguenza mi beccai (anche da parte di compaesani) accuse di napoletanità acuta e d'ignoranza cinematografica.

Il bello è che proprio gli argomenti che i nostri avversari portavano a sostegno della loro tesi finirono col diventare i nostri punti di forza. In sostanza, i chapliniani dicevano: «Chaplin curava i suoi film nei minimi particolari, provava ogni scena decine e decine di volte e non lasciava mai nulla al caso», e noi rispondevamo: «E Totò recitava tutto d'istinto, anzi non recitava affatto perché era Totò!».

Poi un bel giorno arrivò Claudio G. Fava a spiegarmi il perché il nostro principe non avesse mai valicato i confini della patria. «Chaplin» disse Fava, «amava il cinema muto. Il sonoro lo fece, ma solo dopo molti tentennamenti, e, anche quando lo fece, si affidò più alla comicità dell'immagine che non a quella della parola. Totò, invece, era un comico di linguaggio, e come tale non fu mai esportabile». Difatti: come è possibile far capire a un contadino dell'Arkansas cosa vuol dire «Sono un uomo di mondo perché ho fatto il militare a Cuneo?». E come si possono tradurre dal totoese espressioni come «a prescindere», «eziandio», «mi scompiscio» e «tomo tomo, cacchio cacchio»?

Ma qui non è con l'attore che abbiamo a che fare, bensì col poeta. E già, perché dovete sapere che di Totò ce ne sono stati tre: il Comico, il Principe e il Poeta. E che ce ne fossero tre, e non uno, me lo hanno detto e ridetto molti amici che l'hanno conosciuto di persona. Il compianto Sergio Corbucci, tanto per fare un esempio, un giorno gli sottopose la sceneggiatura di un film e il Principe, man mano che andava avanti nella lettura (e sempre parlando in terza persona) commentava: «Questa a Totò non piace... questa invece la farà benissimo». Ma quelli che proprio non andavano d'accordo erano il Principe e il Poeta. Basta leggere la «livella» per rendersene conto. Il primo (il Principe) lottò strenuamente perché gli venisse riconosciuto il titolo nobiliare, e il secondo (il Poeta) ci lasciò la poesia, che dà il titolo a questa raccolta, dove sostenne l'esatto contrario. "Nuje simmo serie... appartenimmo â morte!"

I versi di Totò, però, che più mi coinvolgono sono altri, e sono quelli che mi fanno tornare in mente la Napoli dei miei primi amori. Altri tempi, altre avventure! Eravamo tutti poverissimi e l'amore lo si faceva per strada, dove capitava, nel buio dei vicoli e negli antri dei portoni. Oddio, l'amore! Diciamo piuttosto quei quattro bacetti, misti a strofinamenti, scippati alla bell'e meglio tra un inquilino che passava e l'altro. E sempre a proposito di coccole, Totò, in una delle sue poesie, *Si fosse n'auciello*, mi ha fatto ricordare "e vase a pezzechillo". Traduco per i più giovani e i non napoletani: "'e vase a pezzechillo" erano baci particolari, dati sulla guancia e accompagnati da un pizzicottino, paragonabile, come intensità, alla beccata di un passerotto. In genere erano le mamme a darli ai loro figli più piccoli quando, la sera, li mettevano a dormire. Anche noi però, viveurs dei vicoli bui, ce ne servivamo per manifestare il nostro amore sconfinato, il tutto con la paura di essere colti sul fatto da un padre manesco o da un fratello carogna. Oggi, però, grazie a Totò, so che potevamo stare tranquilli dal momento che eravamo protetti dalla luna.

'A sera quanno 'o sole se nne trase
e dà 'a cunzegna â luna p''a nuttata,
lle dice dinto 'a recchia: «I' vaco â casa:
t'arraccumanno tutt''e nnammurate».

Luciano De Crescenzo

'A livella

Ogn'anno, il due novembre, c'è l'usanza
per i defunti andare al Cimitero.
Ognuno ll'adda fa' chesta crianza;
ognuno adda tené chistu penziero.

Ogn'anno, puntualmente, in questo giorno,
di questa triste e mesta ricorrenza,
anch'io ci vado, e con dei fiori adorno
il loculo marmoreo 'e zi' Vicenza.

St'anno m'è capitata 'n'avventura...
dopo di aver compiuto il triste omaggio
(Madonna!), si ce penzo, che paura!
ma po' facette un'anema 'e curaggio.

'O fatto è chisto, statemi a sentire:
s'avvicenava ll'ora d''a chiusura:
io, tomo tomo, stavo per uscire
buttando un occhio a qualche sepoltura.

---

ll'adda fa' = *deve farla*
'e zi' = *di zia*
St'anno = *quest'anno*
ma po' facette... = *ma poi mi feci coraggio*
ll'ora d''a = *l'ora della*
tomo tomo = *senza fretta o interessi particolari*

«QUI DORME IN PACE IL NOBILE MARCHESE
SIGNORE DI ROVIGO E DI BELLUNO
ARDIMENTOSO EROE DI MILLE IMPRESE
MORTO L'11 MAGGIO DEL '31».

'O stemma cu 'a curona 'ncoppa a tutto...
...sotto 'na croce fatta 'e lampadine;
tre mazze 'e rose cu 'na lista 'e lutto:
cannele, cannelotte e sei lumine.

Proprio azzeccata 'a tomba 'e stu signore
nce steva n'ata tomba piccerella,
abbandunata, senza manco un fiore;
pe' segno, sulamente 'na crucella.

E ncoppa 'a croce appena se liggeva:
«ESPOSITO GENNARO NETTURBINO»
Guardannola, che ppena me faceva
stu muorto senza manco nu lumino!

Questa è la vita! 'Ncapo a me penzavo...
chi ha avuto tanto e chi nun ave niente!
Stu povero maronna s'aspettava
ca pure all'atu munno era pezzente?

'ncoppa = *sopra*
lumine = *lumini*
azzeccata 'a = *a fianco della*
n'ata = *un'altra*
maronna = *madonna*
all'atu = *all'altro*

Mentre fantasticavo stu penziero,
s'era ggià fatta quase mezanotte,
e i' rummanette 'nchiuso priggiuniero,
muorto 'e paura... nnanze 'e cannelotte.

Tutto a 'nu tratto, che veco 'a luntano?
Ddoje ombre avvicenarse 'a parte mia...
Penzaje: stu fatto a me mme pare strano...
Stongo scetato... dormo, o è fantasia?

Ate che fantasia; era 'o Marchese:
c''o tubbo, 'a caramella e c''o pastrano;
chill'ato appriesso a isso un brutto arnese:
tutto fetente e cu 'na scopa mmano.

E chillo certamente è don Gennaro...
'o muorto puveriello... 'o scupatore.
'Int' a stu fatto i' nun ce veco chiaro:
so' muorte e se retireno a chest'ora?

---

i' rummanette = *rimasi*
veco = *vedo*
Ddoje = *due*
Stongo scetato = *sono sveglio*
Ate che = *altro che*
c''o tubbo = *col cilindro*
chill'ato appriesso = *l'altro dietro*

Putevano stà 'a me quase 'nu palmo,
quando 'o Marchese se fermaje 'e botto,
s'avota e, tomo tomo... calmo calmo,
dicette a don Gennaro: «Giovanotto!

Da voi vorrei saper, vile carogna,
con quale ardire e come avete osato
di farvi seppellir, per mia vergogna,
accanto a me che sono un blasonato?!

La casta è casta e va, sì, rispettata,
ma voi perdeste il senso e la misura;
la vostra salma andava, sì, inumata;
ma seppellita nella spazzatura!

Ancora oltre sopportar non posso
la vostra vicinanza puzzolente.
Fa d'uopo, quindi, che cerchiate un fosso
tra i vostri pari, tra la vostra gente».

«Signor Marchese, nun è colpa mia,
i' nun v'avesse fatto chistu tuorto;
mia moglie è stata a ffa' sta fessaria,
i' che putevo fa' si ero muorto?

---

s'avota = *si gira*

Si fosse vivo ve farrie cuntento,
pigliasse 'a casciulella cu 'e qquatt'osse,
e proprio mo, obbj'... 'nd'a stu mumento
mme ne trasesse dinto a n'ata fossa».

«E cosa aspetti, oh turpe malcreato,
che l'ira mia raggiunga l'eccedenza?
Se io non fossi stato un titolato
avrei già dato piglio alla violenza!»

«Famme vedé... — piglia sta violenza...
'A verità, Marché', mme so' scucciato
'e te sentì; e si perdo 'a pacienza,
mme scordo ca so' muorto e so' mazzate!...

Ma chi te cride d'essere... nu ddio?
Ccà dinto, 'o vvuò capì, ca simmo eguale?...
... Muorto si' tu e muorto so' pur'io;
ognuno comme a 'n'ato è tale e qquale».

«Lurido porco!... Come ti permetti
paragonarti a me ch'ebbi natali
illustri, nobilissimi e perfetti,
da fare invidia a Principi Reali?».

---

ve farrie = *vi farei*
'a casciulella... = *la piccola cassa con le quattro ossa*
obbj' = *lo vedi*
mme ne trasesse dinto = *me ne andrei dentro*
Ccà dinto = *qua dentro*
ca simmo = *che siamo*
comme a 'n'ato = *come l'altro*

«Tu qua' Natale... Pasca e Ppifania!!!
T''o vvuo' mettere 'ncapo... 'int''a cervella
che staje malato ancora 'e fantasia?...
'A morte 'o ssaje ched'è?... è una livella.

'Nu rre, 'nu maggistrato, 'nu grand'ommo,
trasenno stu canciello ha fatt''o punto
c'ha perzo tutto, 'a vita e pure 'o nomme:
tu nun t'hè fatto ancora chistu cunto?

Perciò, stamme a ssentì... nun fa' 'o restivo,
suppuorteme vicino — che te 'mporta?
Sti ppagliacciate 'e ffanno sulo 'e vive:
nuje simmo serie... appartenimmo â morte!».

'Nu rre = *Un re*
trasenno = *passando, entrando da*
sulo 'e vive = *solo i vivi*

Ricunuscenza

Stanotte 'a dint''o lietto cu 'nu strillo
aggio miso arrevuoto tutt''a casa,
mme so' mmiso a zumpà comme a n'arillo...
E nun me faccio ancora persuaso.

Ma comme, dico io po', cu' tanta suonne,
i' mme so' ghiuto a ffa' 'o cchiù malamente;
sti suonne songo suonne ca te pònno
fa' rummané stecchito comme a niente.

I' steve allerta 'ncoppa a 'na muntagna
Tutt'a 'nu tratto sento 'nu lamiento.
'O pizzo addò stev'i' era sulagno...
Dicette ncapo a me: E chisto è 'o viento!

---

miso arrevuoto = *messo sottosopra*
n'arillo = *un grillo*
suonne = *sogni*
so' ghiuto = *sono andato*
'o cchiù malamente = *il peggiore*
sulagno = *solitario*

Piglio e mme mengo pe' 'nu canalone
e veco sott'a n'albero piangente
'nu fuosso chino 'e prete a cuppulone...
e sotto a tutto steva 'nu serpente.

— Aiuto! Aiuto! — 'O povero animale
se mettette 'alluccà cu tutt' 'o sciato!
Appena mme vedette: — Menu male!...
Salvatemi! I' mo moro asfessiato! —

— E chi t'ha cumbinato 'e sta manera? —
ll'addimannaje mentr' 'o libberavo.
— È stato 'nu signore aieressera —
mme rispunnette, e ggià se repigliava.

— Si nun era pe' vvuje', i' ccà murevo.
facitave abbraccià, mio salvatore! —
Mme s'arravoglia attuorno e s'astrigneva
ca n'atu ppoco mme schiattava 'o core.

---

mme mengo = *mi butto*
veco = *vedo*
chino 'e prete a cuppulone = *pieno di pietre*
'alluccà = *a strillare*
sciato = *fiato*
Mme s'arravoglia = *mi si attorciglia*

Lassame! — Lle dicette — 'O vvi' ca i' moro? —
E chianu chianu mme mancava 'a forza,
'o core mme sbatteva... ll'uocchie 'a fore,
mentre 'o serpente chiù strigneva 'a morza!

— Chisto è 'o ringraziamento ca mme faje?
Chesta è 'a ricunuscenza ca tu puorte?
A chi t'ha fatto bbene chesto faje?
...Ca si' cuntento quanno 'o vide muorto!

— Amico mio, serpente i' songo nato!...
...Chi nasce serpe è 'nfamo e senza core!...
...Perciò t'aggia mangià! Ma t'hè scurdato
...ca ll'ommo, spisso, fa cchiù peggio ancora?!

'O vvi' ca i' moro? = *vedi che muoio?*
chianu chianu = *piano piano*

'A mundana

«Cammina, su, non fare resistenza!»
diceva 'o brigadiere, e 'a strascenava.
«Sta storia adda fernì, è un'indecenza!».
«Chi sa c'ha fatto» — 'a ggente se spiava.
«C'ha fatto?» — rispunnette 'nu signore.
«È 'na povera ddia... è 'na mundana».
«E 'a porteno accussì? Gesù, che core!» —
murmuliaie Nannina " 'a parulana".
«Lassateme... nun aggio fatto niente!»
«E lass' 'a jì» — dicette 'nu cucchiere —
«ma vuie 'e vvedite quanto so' fetiente?».
«Nce vo' 'nu core a ffa' chillu mestiere».
«Sta purtanno 'o brigante Musolino» —
se mettette alluccà Peppe " 'o Fravaglia":
«Si 'o ssape ll'onorevole Merlini
'o fa 'a proposta p' 'o fa' ave' 'a medaglia».
Quase ogne ghiuorno, 'a povera figliola
apprufittava ca 'na caruzzella
a Nnapule scenneva d'Afragola

'a parulana = *soprannome, per erbivendola*
ma vuie 'e vvedite = *ma voi vedete*
Nce vo' 'nu core = *ci vuole del cuore, del coraggio*
alluccà = *a strillare*
'o Fravaglia = *soprannome di pescivendolo, Fravaglia è un pesce*
p' 'o fa' ave' 'a medaglia = *per farvi avere una medaglia*

pe' 'nu passaggio fino 'a Ruanella.
'O nomme? Nun 'o saccio.
Saccio sulo ca 'e ccumpagne
'a chiammaveno " 'A pezzente".
Pe' sparagnà, 'a sera, dduie fasule,
e, spisse vote, nun magnava niente!
Cu' chelle ppoche lire ch'abbuscava
aveva mantene' tutt' 'a famiglia;
e quanno 'e vvote po'... nun aizava,
steva diuno 'o pate, 'a mamma e 'o figlio.
'O pate, viecchio, ciunco... 'into a 'nu lietto
senza lenzòle, cu' 'na cupertella.
E 'a mamma ca campava pe' dispietto
d' 'a morte e d' 'a miseria. Puverella!
A piede 'o lietto, dinto a nu spurtone,
'na criatura janca e malaticcia,
pe' pazziella 'nmano 'nu scarpone
e 'na tozzola 'e pane sereticcio.
Nun appena fuie 'ncoppa 'a Sezione,
se mettette alluccà comme a 'na pazza.

'O nomme? = *il nome?*
Nun 'o saccio = *non lo so*
dduie fasule = *due fagioli*
spisse vote = *molte volte*
nun aizava = *non alzava, non incassava nulla*
steva diuno = *stava a digiuno*
ciunco = *paralitico*
spurtone = *culla*
janca = *bianca*
pazziella = *giocattolo*
tozzola = *tozzo di pane*
sereticcio = *raffermo*

'E strille se sentevano a 'o puntone.
«Ch'è stato, neh? Ched'è chisto schiamazzo?
Avanti, fate entrà sta... Capinera» —
dicette 'o Cummissario a 'nu piantone.
E 'o milite, cu grazia e cu maniera,
'a votta dinto cu 'nu sbuttulone.
«Ah! Si' tu?» — dicette 'o funzionario —
«Si nun mme sbaglio, tu si' recidiva?
Si' cunusciuta ccà a Muntecalvario.
Addò t'hanno acchiappata, neh, addò stive?»
«All'angolo d' 'o vico 'a Speranzella.
Steva parlanno cu 'nu marenaro,
quanno veco 'e passà 'na carruzzella
Cu' dinto don Ciccillo 'o farenaro.
Don Ciccio fa 'nu segno: "Fuitenne!
Curre ca sta passando 'o pattuglione".
'I dico a 'o marenaro: "Iatevenne.
Stu brigadiere 'o saccio... è 'nu 'nfamone"».
«A legge è legge» — dice 'o cavaliere —:
«nun aggio che te fa', ragazza mia.
I' te cunziglio: lassa stu mestiere,
e lievete pe' sempe 'a miezo 'a via».
«E che mme metto a ffa', signore bello,
'a sarta, 'a lavannara, 'a panettera?

---

a 'o puntone = *fino in cima*
'a votta = *la spinge*
sbuttulone = *spintone*
addò stive? = *dove stavi?*
'o farenaro = *venditore di farina*
Fuitenne! = *scappa!*

Spisso mm' 'o sento chistu riturnello.
«E truòvete 'nu posto 'e cammarera!»
«Signó', dicite overo 'o pure apposta?
Vulite pazzià? E nun è umano.
V' 'a mettìsseve dinto 'a casa vosta
chi... pe' disgrazia ha avuta fa' 'a puttana?!».

Vulite pazzià? = *volete scherzare?*
V' 'a mettìsseve = *ve la mettereste*

Dick

Tengo 'nu cane ch'è fenomenale,
se chiama "Dick", 'o voglio bbene assaie.
Si perdere l'avesse? Nun sia maie!
Per me sarebbe un lutto nazionale.

Ll' 'aggio crisciuto comm'a 'nu guaglione,
cu zucchero, biscotte e papparelle;
ll'aggio tirato su cu 'e mmullechelle
e ll'aggio dato buona educazione.

Gnorsì, mo è gruosso. È quase giuvinotto.
Capisce tutto... lle manca 'a parola.
È cane 'e razza, tene bbona scola,
è lupo alsaziano, è poliziotto.

Chello ca mo ve conto è molto bello.
In casa ha stabilito 'a gerarchia.
Vo' bene 'a mamma ch'è 'a signora mia,
e a figliemo isso 'o tratta da fratello.

Ll' 'aggio = *l'ho*
papparelle = *caramelle*
mmullechelle = *mollichine*
e a figliemo isso 'o tratta = *e a mio figlio lo tratta*

'E me se penza ca lle songo 'o pate:
si 'o guardo dinto a ll'uocchie mme capisce,
appizza 'e rrecchie, corre, m'ubbidisce,
e pe' fa' 'e pressa torna senza fiato.

Ogn'anno, 'int'a ll'estate, va in amore,
s'appecundrisce e mette 'o musso sotto.
St'anno s'è 'nnammurato 'e na bassotta
ca nun ne vo' sapè: nun è in calore.

Povero Dick, soffre 'e che manera!
Porta pur'isso mpietto stu dulore:
è cane, sì... ma tene pure 'o core
e 'o sango dinto 'e vvene... vo' 'a mugliera...

'E me se penza ca lle songo = *Di me pensa che gli sono*
pe' fa' 'e pressa = *per far presto*
s'appecundrisce = *si intristisce*

Zuoccole, tammorre e femmene

Tutte hanno scritto a Napule canzone appassiunate,
tutte 'e bellezze 'e Napule so' state decantate:
da Bovio a Tagliaferri, Di Giacomo a Valente;
in prosa, vierze e musica: ma chi pò ddi' cchiù niente?
Chi tene 'o curaggio 'e di' quaccosa
doppo ca sti puete gruosse assaie,
d'accordo songo state a ddi' una cosa:
ca stu paese nun se scorda maie.
Sta Napule, riggina d' 'e ssirene,
ca cchiù 'a guardammo e cchiù 'a vulimmo bbene.
'A tengo sana sana dinto 'e vvene,
'a porto dinto 'o core, ch'aggia fa'?
Napule, si' comme 'o zucchero,
terra d'ammore — che rarità!
Zuoccole, tammorre e femmene,
è 'o core 'e Napule ca vo' cantà.
Napule, tu si' adorabile,
siente stu core che te vo' di':
«Zuoccole, tammorre e femmene,
chi è nato a Napule nce vo' murì».

---

puete = *poeti*
Zuoccole = *zoccoli*
tammorre = *tamburi*
vierze = *versi*
riggina d' 'e ssirene = *regina delle sirene*

Si fosse n'auciello

Si fosse n'auciello, ogne matina
vurria cantà 'ncoppa 'a fenesta toja:
«Bongiorno, ammore mio, bongiorno, ammore!»
E po' vurria zumpà 'ncoppa 'e capille
e chianu chiano, comme a na carezza,
cu stu beccuccio accussì piccerillo,
mme te mangiasse 'e vase a pezzechillo...
si fosse nu canario o nu cardillo.

---

auciello = *uccello*
'a fenesta toja = *la tua finestra*
'ncoppa 'e capille = *sui capelli*
'e vase a pezzechillo = *di baci a pizzicotti*
canario = *canarino*
cardillo = *cardellino*

Ngiulina

Chisto è 'o ritratto e chiste so' 'e capille:
na ciocca 'e seta nera avvellutata.
E cheste songo 'e llettere: cchiù 'e mille;
lettere 'e 'na guagliona nnammurata.

Ngiulina se chiammava sta figliola
ch'è stata 'a primma nnammurata mia.
Trent'anne so' passate... Mamma mia!

'A tengo nnanze a ll'uocchie, pare aiere:
vocca 'e curallo, 'na faccella 'e cera,
'nu paro d'uocchie verde, 'e cciglie nere,
senza russetto... semplice e sincera.

Teneva sidece anne e io diciotto.
Faceva 'a sartulella a 'o Chiatamone.
Scenneva d' 'a fatica mpunto ll'otto,
e mm'aspettava a me sotto 'o purtone.

'A tengo nnanze a ll'uocchie = *la tengo davanti agli occhi*
aiere = *ieri*
vocca = *bocca*
faccella = *faccetta*
mpunto ll'otto = *alle otto in punto*

Senza parlà, subbeto sotto 'o vraccio
nce pigliavemo e ghievemo a ffa' 'ammore.
Vicino 'a casa soia, ncoppa Brancaccio,
parole doce e zucchero 'int' 'o core.

Mettennoce appuiate nfaccia 'o muro,
a musso a mmusso, tutt' 'e dduie abbracciate:
dinta 'a penombra 'e n'angulillo oscuro,
quanta suspire e vvase appassiunate!

'A tengo nnanze a ll'uocchie, pare aiere:
vocca 'e curallo, na faccella 'e cera;
nu paro d'uocchie verde, 'e cciglie nere,
senza russetto... semplice e sincera.

---

vraccio = *braccio*
ghievemo = *andavamo*
appuiate = *appoggiati*
a musso a mmusso = *muso a muso*

Balcune e lloggie

Comme a na reggia, ricca e capricciosa,
ammubbigliaie sta casa 'e tutt' 'e ccose
che saccio che piacevano a sta sposa,
balcune e lloggie carrecate 'e rose;

ncoppa 'o buffè cunfiette e sciure 'e sposa.
Ch'addore 'e sciure 'arancio pe' sta casa!
Sta casa ch'addurava 'e mille rose,
che festa dinto a ll'aria s'era spasa!

Balcune e lloggie carrecate 'e rose.
Mo so' rimasto sulo 'into a sta casa;
mme guardo attuorno e veco tutt' 'e ccose,
ma 'a sposa nun ce stà; stà fore casa.

È morta... Se n'è ghiuta mparaviso!
Pecché nun porto 'o llutto? — Nun è cosa, —
rispongo 'a ggente e faccio 'o pizzo a rriso,
ma dinto 'o core è tutto n'ata cosa!

Balcune e loggie = *balconi e terrazzi*
carrecate = *carichi*
cunfiette e sciure 'e = *confetti e fiori da*
Ch'addore = *che odore*
spasa! = *sparsa!*
mparaviso = *in paradiso*
pizzo a rriso = *risatina*

Ll'ammore

Ll'ammore è comme fosse nu malanno
ca, all'intrasatta, schioppa dint' 'o core
senza n'avvertimento, senza affanno,
e te pò ffa' murì senza dulore.

---

all'intrasatta = *all'improvviso*

Uocchie ca mme parlate

Chist'uocchie tuoie che cagneno
culore ogne mumento,
so' belle quanno chiagneno,
so' tutto sentimento.
Si rideno s'appicciano
comme a ddoie fiamme ardente,
songo stelle lucente
ca tiene 'nfronte tu.

---

cagneno = *cambiano*
chiagneno = *piangono*

’A statuetta

Comme è limpida sta fronte,
purcellana trasparente,
statuetta ’e Capemonte,
comme ’o sole si’ lucente!
E guardanno stu splendore
— manammé! — mme so’ abbagliato.
S’è appicciato chistu core,
e me songo annammurato.

---

manammé! = *all’improvviso*
S’è appicciato = *s’è acceso*

’A cunzegna

’A sera quanno ’o sole se nne trase
e dà ’a cunzegna â luna p’ ’a nuttata,
lle dice dinto ’a recchia: «I’ vaco â casa:
t’arraccumanno tutt’ ’e nnammurate».

---

se nne trase = *si ritira*
dà ’a cunzegna = *dà le consegne*

Ammore perduto

Ammore perduto,
i' t'ero truvato,
nun aggio saputo
tenerte cu mme.
Ammore perduto,
mm'ha ditto stu core
ca tarde ha saputo
tu ch'ire pe mme.

---

i' t'ero = *ti avevo*
tu ch'ire = *chi eri tu*

'A nnammurata mia

'A nnammurata mia se chiama Ammore,
e tene ll'uocchie comme ll'acqua 'e mare.
È ddoce comme è ddoce 'a primmavera,
è tutta gentilezza, anema e core.

Con la moglie Diana Bandini Rogliani.

Con Walter Chiari in un programma televisivo dal titolo "Tutto Totò" (regia di Daniele D'Anza).

Totò in
San Giovanni decollato, *1940*

Al trucco prima di uno spettacolo teatrale

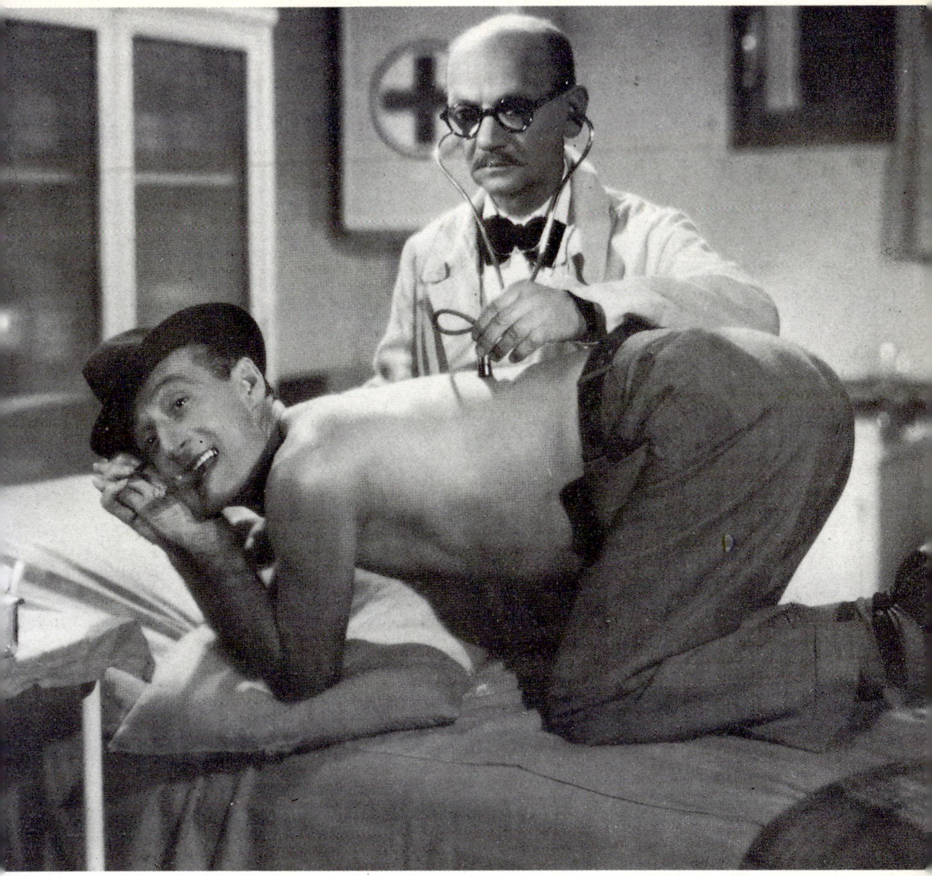

Con Arturo Bragaglia in Due cuori fra le belve, *1943*

Con Fiorella Mari in Siamo uomini o caporali?

Con Cesare Fantoni
e Cesare Polacco
in Fifa e arena, *1948*

Il più comico spettacolo
del mondo, *1953*

Nella rivista
Bada che ti mangio!, *1949*

Con Aldo Fabrizi
in Guardie e ladri, *1951*

Con Macario
in Totò contro
i quattro, *1963*

Nella macchietta
"Il bel Ciccillo"
dal film Yvonne
la Nuit, *1949*

Una delle espressioni ricche di sfumature tipiche di Totò.

I due colonnelli, *1962*.

Core analfabeta

Stu core analfabeta
tu ll’hê purtato â scola,
e s’è mparato a scrivere,
e s’è mparato a lleggere
sultanto ’na parola:
“Ammore” e niente cchiù.

'E ccorne

Ognuno 'e nuie nasce cu nu destino:
'a malasciorta, 'e vvote, va..., po' torna;
chi nasce c' 'o scartiello arreto 'e rine,
chi nasce c' 'o destino 'e purtà 'e ccorne.

Io, per esempio, nun me metto scuorno:
che nce aggio 'a fa' si tarde ll'aggio appreso?
Penzavo: sì, aggio avuto quacche cuorno,
ma no a tal punto de sentirme offeso.

È stato aiere 'o juorno, 'a chiromante,
liggènneme cu 'a lente mmiezo 'a mano,
mm'ha ditto: «Siete stato un triste amante,
vedete questa linea comme è strana?

'E ccorne = *le corna*
'a malasciorta = *la malasorte*
'e vvote = *a volte*
c' 'o scartiello arreto 'e rine = *con la gobba dietro la schiena*
nun me metto scuorno = *non mi vergogno*
che nce aggio 'a fa' = *che posso farci*
liggènneme = *leggendomi*

Questa se chiamma 'a linea del cuore,
arriva mmiezo 'o palmo e po' ritorna.
Che v'aggia di', carissimo signore;
cu chesta linea vuie tenite 'e ccorne.

Guardate st'atu segno fatto a uncino,
stu segno ormai da tutti è risaputo
ca 'o porta mmiezo 'a mano San Martino,
'o Santo prutettore d' 'e cornute».

Sentenno sti pparole 'int' 'o cerviello
accumminciaie a ffa' mille penziere.
Mo vaco â casa e faccio nu maciello,
pe' Ddio, aggia fa' correre 'e pumpiere.

«Ma no... Chi t' 'o ffa fa'?» (na voce interna
mme suggerette). «Lieve ll'occasione.
'E ccorne ormai songhe na cosa eterna,
nun c'è che ffa', è 'a solita canzone.

'O stesso Adamo steva mparaviso,
eppure donna Eva ll'ha traduto.
Ncoppa a sti ccorne fatte 'nu surriso,
ca pure Napulione era cornuto!».

Che v'aggia di' = *che debbo dirvi*
Chi t' 'o ffa fa'? = *chi te lo fa fare?*
Lieve ll'occasione = *lascia correre*
songhe = *sono*

’O schiattamuorto

I’ faccio ’o schiattamuorto ’e prufessione,
modestamente sono conosciuto
pe’ tutt’ ’e ccase ’e dinto a stu rione,
pecché quann’io manèo ’nu tavuto,
songo ’nu specialista ’e qualità.

I’ tengo mode, garbo e gentilezza.
’O muorto mmano a me pò sta’ sicuro,
ca nun ave ’nu sgarbo, ’na schifezza.
Io ’o tratto come fosse ’nu criaturo
che dice a ’o pate: «Me voglio ji’ a cuccà’».

E ’o còcco luongo, stiso ’int’ ’o spurtone,
pure si è viecchio pare n’angiulillo.
’O muorto nun ha età, è ’nu guaglione
ca s’è addurmuto placido e tranquillo
’nu suonno doce pe’ ll’eternità.

’O schiattamuorto = *il becchino*
manéo ’nu tavuto = *maneggio una bara*
’o còcco luongo = *lo corico lungo*
stiso ’int’ ’o spurtone = *disteso nella grande culla*

E 'o suonno eterno tene stu vantaggio,
ca si t'adduorme nun te scite maie.
Capisco, pe' murí 'nce vo' 'o curaggio;
ma quanno chella vene tu che ffaie?
Nn' 'a manne n'ata vota all' aldilà?

Chella nun fa 'o viaggio inutilmente.
Chella nun se ne va maie avvacante.
Si' povero, si' ricco, si' putente,
'nfaccia a sti ccose chella fa 'a gnurante,
comme a 'nu sbirro che t'adda arrestà.

E si t'arresta nun ce stanno sante,
nun ce stanno ragione 'a fa' presente;
te ll'aggio ditto, chella fa 'a gnurante...
'A chesta recchia, dice, io nun ce sento;
e si nun sente, tu ch'allucche a ffa'?

'A morta, 'e vvote, è comme ll'amnistia
che libbera pe' sempe 'a tutt' 'e guaie
a quaccheduno ca, parola mia,
'ncoppa a sta terra nun ha avuto maie
'nu poco 'e pace... 'na tranquillità.

---

nun te scite maie = *non ti svegli mai*
Nn' 'a manne = *la rimandi*
avvacante = *a vuoto*
ch'allucche a ffa'? = *che strilli a fare?*

E quante n'aggio visto 'e cose brutte:
'nu muorto ancora vivo dinto 'o lietto,
'na mugliera ca già teneva 'o llutto
appriparato dinto a 'nu cassetto,
aspettanno 'o mumento 'e s' 'o 'ngignà.

C'è quacche ricco ca rimane scritto:
«Io voglio un funerale 'e primma classe!».
E 'ncapo a isso penza 'e fa' 'o deritto:
«Così non mi confondo con la massa».
Ma 'o ssape, o no, ca 'e llire 'e llasse ccà?!

'A morta è una, 'e mezze songhe tante
ca tene sempe pronta sta signora.
Però, 'a cchiù trista è "la morte ambulante"
che può truvà p' 'a strada a qualunch'ora
(comme se dice?...) pe' fatalità.

Ormai per me il trapasso è 'na pazziella;
è 'nu passaggio dal sonoro al muto.
E quanno s'è stutata 'a lampetella
significa ca ll'opera è fernuta
e 'o primm'attore s'è ghiuto a cuccà.

---

appriparato = *preparato*
'e s' 'o 'ngignà = *di indossarlo*
'o deritto = *il furbo*
ca 'e llire 'e llasse ccà?! = *che i soldi li lasci qui*
'e mezze songhe tante = *i mezzi sono tanti*
pazziella = *giocattolo*
s'è stutata 'a lampetella = *si è spenta la luce*
fernuta = *finita*

Felicità

Felicità!
Vurria sapé ched'è chesta parola,
vurria sapé che vvò significà.
Sarrà gnuranza 'a mia, mancanza 'e scola,
ma chi ll'ha ntiso maje annummenà.

---

ll'ha ntiso maje annumenà = *l'ha sentita mai nominare*

’A vita

’A vita è bella, sì, è stato un dono,
un dono che ti ha fatto la natura.
Ma quanno po’ sta vita è ’na sciagura,
vuie mm’ ’o chiammate dono chisto ccà?

E nun parlo pe’ me ca, stuorto o muorto,
riesco a mm’abbuscà ’na mille lire.
Tengo ’a salute, e, non faccio per dire,
songo uno ’e chille ca se fire ’e fa’.

Ma quante n’aggio visto ’e disgraziate:
cecate, ciunche, scieme, sordomute.
Gente ca nun ha visto e maie avuto
’nu poco ’e bbene ’a chesta umanità.

Guerre, miseria, famma, malatìe,
crèstiane addeventate pelle e ossa,
e tanta gioventù c’ ’o culo ’a fossa.
Chisto nun è ’nu dono, è ’nfamità.

---

uno ’e chille ca se fire ’e fa’ = *uno di quelli capaci di fare*
ciunche = *storpie*

Il fine dicitore

«Nini' Santoro, il fine dicitore,
maestro di eleganza e di maniere,
il re del music-hall, il gran signore,
debutta questa sera al Trianon».

Guardanno 'o manifesto, chi liggeva
penzava: certo chisto è n'artistone.
Tenevemo st'attore? E chi 'o ssapeva!
Stasera stessa mm' 'o vaco a ssentì.

C' 'o tubbo, 'a caramella e 'nu bucchino
d'avorio giallo, luongo miezo metro;
un fazzoletto bianco nel taschino,
ncuollo 'nu frack 'e seta blummaré.

Tutt' 'o teatro illuminato a giorno,
'na marcia trionfale comm'«Aida»,
Santoro ascette e cu' 'na faccia 'e corne
pareva ca diceva: «Eccomi qua!

---

mm' 'o vaco = *me lo vado*
ascette = *uscí*

Mo v'aggia fa' vedè chi è Santoro,
il fine dicitore, il fantasista
ca quanno arape 'a vocca caccia ll'oro,
oro colato 'e primma qualità».

'O pubblico ansioso s'aspettava:
chi sa mo ch'esce 'a vocca a stu Santoro.
Ma ch'era ascì... Santoro ncacagliava,
faceva smorfie, zumpe e niente cchiù.

Nun fernette nemmeno 'o riturnello
d' 'o primmo raccuntino d'avventure,
quann'uno arreto a me: «Santò, si' bello!»
('Ndranghete!) E allazza nu pernacchio 'e nuvità.

Fuie cumm'a 'nu signale 'e 'na battaglia,
mancava poco e nce scappava 'o muorto:
'e sische mme parevano mitraglia.
Santoro nun putette continuà.

---

arape = *apre*
ch'era ascì = *che doveva uscire*
ncacagliava = *tartagliava*
zumpe = *salti*
fernette = *finí*
allazza = *fece partire*
Fuie cumm'a = *fu come un*
'e sische = *i fischi*

«Ll'artista» se facette 'a mappatella:
'o frack, 'o tubbo, 'o fazzuletto bianco,
s'annascunnette pure 'a caramella.
Dicette: «Aggio sbagliato... Ch'aggia fa'?».

Trent'anne so' passate 'a chella sera
che il fine dicitore fantasista
pe' fforza avette chiudere 'a carriera
a beneficio dell'umanità.

Aiere steva scritto 'into 'o giurnale
che: *«dopo varii e lunghi appostamenti*
è stato assicurato un criminale
alla Giustizia delle Autorità».

E chi era, neh, stu disgraziato?
Santoro... il dicitore fantasista,
ca, pe' magnà, al furto s'era dato
'o pover'ommo pe' puté campà.

Io penso che fu l'epoca sbagliata;
trent'anne fa tutto era n'ata cosa.
Oggi che il nostro gusto s'è cambiato
Santoro fosse na celebrità.

'a mappatella = *il fagotto*
fosse = *sarebbe*

Bianchina

Io stongo 'e casa a 'o vico Paraviso
tengo tre stanze all'urdemo piano,
'int' 'a stagione, maneche e 'ncammisa,
mmocca nu miezo sigaro tuscano,
mme metto for' 'a loggia a respirà.

Aiere ssera, quase a vintun'ora,
mentre facevo 'a solita fumata,
quanno mme sento areto 'nu rummore:
'nu fuja-fuja... 'na specie 'e secutata...
Mm'avoto 'e scatto e faccio: «Chi va là?»

Appizzo ll'uocchio e veco 'a dint' 'o scuro
Bianchina, ferma nnanze a 'nu pertuso
'e chesta posta! Proprio sott' 'o muro.
Ma dato ch'era oscuro... era confuso,
non si vedeva la profondità.

---

urdemo = *ultimo*
maneche e 'ncammisa = *in maniche di camicia*
mmocca = *in bocca*
fuja-fuja = *fuggi-fuggi*
secutata = *inseguimento*
Mm'avoto = *mi volto*
nnanze a 'nu pertuso = *davanti a un buco*
'e chesta posta! = *cosí!*

St'appustamento ca faceva 'a gatta,
a ddi' la verità, mme ncuriosette...
Penzaie: «Ccà nun mme pare buono 'o fatto:
e si Bianchina 'e puzo nce ne mette,
vuol dire qualche cosa nce adda sta'».

E, comme infatti, nun m'ero sbagliato:
dentro al pertuso c'era un suricillo
cu ll'uocchie 'a fore... tutto spaventato,
...'o puveriello nun era tranquillo,
penzava: Nun m' 'a pòzzo scapputtià.

Tutto a 'nu tratto 'o sorice parlaie
cu 'na parlata in italiano puro:
«Bianchina, ma perché con me ce l'hai?
Smettila, via, non farmi più paura!».
Dicette 'a gatta: «I' nun mme movo 'a ccà!»

«Pietà, pietà, pietà! Che cosa ho fatto?»
E s'avutaie 'e botto 'a parte mia:
«Signore, per piacere, dica al suo gatto
che mi lasciasse in pace e così sia!»
«Va bene, va', Bianchì... làscelo sta!»

'e puzo = *il polso, la zampa*
suricillo = *topolino*
Nun m' 'a pòzzo scapputtià = *non me la posso svignare*
'o sorice = *il topo*
s'avutaie = *si voltò*

«Patro', trasitevenne 'a parte 'e dinto,
che rispunnite a ffa' mmiezzo a sti fatte?
Stu suricillo ca fa 'o lindo e pinto,
mme ll'aggia spiccià io ca songo 'a gatta,
si no ccà ncoppa che ce stongo a ffa'?»

«Va bene, — rispunnette mbarazzato —
veditavella vuie sta questione,
però ccà ncoppa nun voglio scenate;
e ricordate ca songh'io 'o padrone
e si rispetta l'ospitalità».

«È inutile che staje dint' 'o pertuso,
— 'a gatta lle dicette — chesta è 'a fine...
Si cride 'e te scanzà, povero illuso!
Hê fatto 'o cunto ma senza Bianchina...
Songo decisa e nun mme movo 'a ccà!»

«Pietà di me! Pietà, Bianchina bella!»
Chiagneva e mpietto lle tremava 'a voce,
cosa ca te faceva arriccià 'a pella.
Povero suricillo, miso 'ncroce
senza speranza 'e se puté salvà!

---

trasitevenne 'a parte 'e dinto = *tornatevene dentro*
Si cride 'e te scanzà = *se credi di cavartela*
e mpietto = *e in petto*

«Va buo', pe' chesta vota, 'izela 'a mano,
cerca d' 'o fa' fuì stu suricillo,
chello ca staje facenno nun è umano,
te miette 'ncuollo a chi è cchiù piccerillo...
Embè, che songo chesti nnuvità?»

«'O munno è ghiuto sempe 'e sta manera:
'o pesce gruosso magna 'o piccerillo
(mme rispunnette 'a gatta aiere ssera).
Pur'io aggio perduto 'nu mucillo
mmocca a nu cane 'e presa; ch'aggia fa'?»

«Ma cosa c'entro io con quel cagnaccio!
Anch'io ho una mammina che mi aspetta:
Gesù Bambino, più non ce la faccio!
Nella mia tana vo' tornare in fretta;
se non mi vede mamma mia morrà!»

'O suricillo già vedeva 'a morte
e accumminciaie a chiagnere a dirotto,
o core lle sbatteva forte forte,
e p' 'a paura se facette sotto.
Mm'avoto e faccio 'a gatta: Frusta llà!

'izela = *alzala*
d' 'o fa' fuì = *di farlo fuggire*
te miette 'ncuollo = *vai addosso*
mucillo = *micetto*
' presa = *da guardia*
Frusta llà! = *pussa via!*

’A gatta se facette na resata,
dicette: «E se po’ jate ’int’ ’a cucina
e truvate ’o furmaggio rusecato,
pecché po’ v’ ’a pigliate cu Bianchina?
Chisto è ’o duvere mio... chesto aggia fa’!»

In fondo in fondo, ’a gatta raggiunava:
si mm’ ’a tenevo in casa era p’ ’o scopo;
dicimmo ’a verità, chi s’ ’a pigliava
si me teneva ’a casa chiena ’e topi?
Chiàie ’e spalle e mme jette a cuccà!

---

se po’ jate ’int’ ’a cucina = *se poi andate in cucina*
Chiàie ’e spalle = *voltai le spalle*

’E pezziente

All’angolo ’e via Chiaia
se mette ’nu pezzente
’e puosto tutt’ ’e juorne,
e nun accocchie niente.

Pulito, dignitoso,
nu’ stenne maie ’na mana;
ll’uocchie ’nchiuvate nterra
pe’ ’na jurnata sana.

’A ggente nun ’o guarda
e nun ’o ffanno apposta:
pe’ ffa’ chillu mestiere
nce vo’ ’a faccia tosta!

Io ne cunosco a uno:
Peppino “ ’a Fiurella!”
S’ ’a fà a Santa Teresa,
vicino ’a Parrucchiella.

’e puosto tutt’ ’e juorne = *al posto di tutti i giorni*
accocchie = *ricava*
’a Fiurella! = *Soprannome, mezza figura*
S’ ’a fà = *se la fa*

Si 'o daje 'na cinche lire
'o sango lle va stuorto,
t' 'a jetta nnanze 'e piere
e arreto te fa 'e muorte.

Dà 'e sorde c' 'o 'nteresse,
'a sera va 'a cantina;
tene pure 'a "seicento",
tre cammere e cucina.

Invece chillo 'e Chiaia,
misero e vergognoso,
stanotte è muorto 'e famme,
povero e dignitoso.

---

cinche = *cinque*
nnanze 'e piere = *davanti ai piedi*
te fa 'e muorte = *ti maledice*

'A speranza

Ogne semmana faccio 'na schedina:
mm' 'a levo 'a vocca chella ciento lire,
e corro quanno è 'o sabbato a mmatina
'o Totocalcio pe mm' 'a jì a ghiucà.

Cuccato quanno è 'a notte, dinto 'o lietto,
faccio castielle 'e n'aria a centenare;
piglio 'a schedina 'a dinto 'a culunnetta,
'a voto, 'a giro, e mm' 'a torn' 'a stipà.

Io campo bbuono tutta 'na semmana,
sultanto 'o llunerì stongo abbacchiato,
ma 'o sabbato cu 'a ciento lire mmano
io torno n'ata vota a gghi' a ghiucà.

Nun piglio niente, 'o ssaccio... e che mme mporta?
Io campo sulamente cu 'a speranza.
Cu chi mm'aggia piglià si chesta è 'a sciorta,
chisto è 'o destino mio... che nce aggia fa'?

---

pe mm' 'a jì a ghiucà = *per andarmele a giocare*
a centenere = *a centinaia*
'o llunerì = *il lunedí*
'a sciorta = *la sorte*

'A quanno aggio truvato stu sistema
io songo milionario tutto ll'anno.
'A ggente mme po' ddi': — Ma tu si' scemo?
Ma allora tu nun ghiuoche pe' piglià? —

Si avesse già pigliato 'e meliune
a st'ora 'e mo starrie già disperato.
Invece io sto cu 'a capa dinto 'a luna,
tengo sempe 'a speranza d' 'e ppiglià.

'A quanno = *da quando*
'e meliune = *i milioni*

Il cimitero della civiltà

Aiere ha fatto 'n'anno — 'o diece 'e maggio,
'na matenata calda e chiena 'e sole —,
penzaie 'ncapo a me: «Cu che curaggio
io stamattina vaco a faticà!»

Facenno 'o paro e sparo mme susette:
«Mo mme ne vaco 'a parte 'e copp' 'o Campo».
'Int'a ddiece minute mme vestette
cu 'e mucassine e cu 'o vestito blu.

Nun facette sparà manco 'o cannone
ca già stevo assettato 'int' 'a cantina,
annanze a 'nu piatto 'e maccarune:
nu zito ch'affucava 'int 'o ragù.

C' 'a panza chiena, a passo... chianu chiano
mme ne trasette dint'a 'a na campagna,
mmocca nu miezo sigaro tuscano,
ca m' 'o zucavo comme 'o biberò.

---

vaco a faticà! = *vado a lavorare*
'o paro e sparo = *pari e dispari*
mme susette = *mi alzai*
'a parte 'e copp' 'o Campo = *dalle parti sopra il Campo*
ca m' 'o zucavo = *che mi succhiavo*

Tutto a nu tratto veco nu spiazzale
chino 'e ferraglie vecchie e arrugginite.
E ched'è, neh?... nu campo 'e residuate:
"Il cimitero della civiltà".

Nu carro armato cu 'a lamiera rotta...
trattore viecchie... macchine scassate...
n' "Alfetta" senza 'e qquatte rote 'a sotto...
pareva 'o campusanto d' 'a Pietà!

Guardanno a uno a uno sti ruttame,
pare ca ognuno 'e lloro mme diceva:
«Guardate ccà' cosa addiventiamo
quanno 'a vicchiaia subbentra â giuventù».

Mmiezo a sta pace, a stu silenzio 'e morte,
tutto a 'nu tratto sento 'nu bisbiglio...
appizzo 'e rrecchie e sento 'e di' cchiù forte:
«Mia cara Giulietta, come va?»

Chi è ca sta parlanno cu Giulietta?
Nmiezo a stu campo nun ce sta nisciuno...
Tu vuò vedé che l'hanno cu' ll' "Alfetta"?
Cheste so ccose 'e pazze! E chi sarrà?

Mme movo chianu chiano... indifferente,
piglio e mm'assetto 'ncopp' 'o carro armato...
quanno 'a sotto mme sento 'e di': Accidente!...».
E chisto mo chi è?... Che vularrà?

Che vularrà? = *che vorrà?*

Chi ha ditto sti pparole? Chi ha parlato?
I' faccio sta domanda e zompo all'erta...
«So' io ch'aggio parlato: 'o carro armato...
Proprio addu me v'aviveve assettà?

A Napule nun se pò sta' cuieto.
Aiere un brutto cane mascalzone
se ferma, addora... aiza 'a coscia 'e reto,
e po' mme fa pipì 'nfaccia 'o sciassì».

«Vi prego di accettare le mie scuse,
v' 'e ffaccio a nome anche del mio paese;
Ma voi siete tedesco o Made in Usa?
E come vi trovate in Italy?».

«Sono tedesco, venni da Berlino
per far la guerra contro l'Inghilterra;
ma poi — chiàmalo caso oppur destino —
'e mmazzate ll'avette proprio ccà!»

«Ah, sì... mo mme ricordo... le mazzate
ch'avisteve da noi napoletani...
E quanto furon... quattro le giornate,
si nun mme sbaglio: o qualche cosa 'e cchiù?»

---

addu me = *da me*
aiza = *alza*
sciassì = *chassis*
'e mmazzate = *i colpi*
ch'avisteve = *che aveste*

«Furon quattro. Mazzate 'a tutte pizze:
prete, benzina, sputazzate 'nfaccia...
Aviveve vedé chilli scugnizze
che cosa se facettero afferrà!»

«Caro Signore, 'o nuosto è 'nu paisiello
ca tene — è overo — tanta tulleranza;
ma nun nce aimma scurdà ca Masaniello
apparteneva a chesta gente ccà.

E mo mm'îte 'a scusà ll'impertinenza,
primma aggio ntiso 'e di': «Cara Giulietta».
Facitemmella chesta confidenza:
si nun mme sbaglio era st' "Alfetta" ccà?».

«Appunto, sì, è qui da noi da un mese...
'A puverella è stata disgraziata,
è capitata nmano a un brutto arnese,
...chisto nun ha saputo maie guidà.

Io mm' 'a pigliasse cu 'e rappresentante,
cu' chilli llà che cacciano 'e ppatente;
chiunque 'e nuie, oggi, senza cuntante,
se piglia 'a macchinetta e se ne va».

---

prete = *pietre*
è overo = *è vero*
nun nce aimma = *non dobbiamo*

«Di macchine in Italia c'è abbondanza... —
rispose sottovoce 'a puverella —
si no che ffa... po' nce grattammo 'a panza:
chillo ca vene ll'avimmo acchiappà».

«Giulietta, raccontate qui al signore
i vostri guai» — dicette 'o carro armato.
L' "Alfetta" rispunnette a malincuore:
«Se ci tenete, li racconterò.

Come sapete, sono milanese,
son figlia d'Alfa e di papà Romeo,
per fare me papà non badò a spese;
mi volle fare bella "come il fó!"

Infatti, mi adagiarono in vetrina,
tutta agghindata... splendida... lucente!
Ero un' "Alfetta" ancora signorina:
facevo tanta gola in verità!

Un giorno si presenta un giovanotto
cu' tanto nu paccotto 'e cambiale,
io, puverella!, avette fa' 'o fagotto,
penzanno: Chi sa comme va a fernì!

Si rivelò cretino, senza gusto:
apparteneva 'a "gioventù bruciata"
Diceva a tutti quanti: "Io sono un fusto;
'e ffemmene cu mmico hanna cadé!"

Senza rispetto, senza nu cuntegno...
cambiava tutt' 'e giorne... signorina:
ci conduceva al solito convegno...
...alla periferia della città.

Chello ca cumbinava 'o giuvinotto?
Chi maie ve lo potrebbe raccontare:
io nn'aggio mantenute cannelotte
'e tutte specie, 'e tutte 'e qqualità:

la signorina di buona famiglia,
'a vedova, 'a zetella 'a mmaretata...
E quanno succedette 'o parapiglia,
stavamo proprio cu' una 'e chesti ccà.

In una curva, questo gran cretino,
volle fare un sorpasso proibito,
di fronte a noi veniva un camioncino,
un cozzo, svenni, e mo mme trovo ccà».

«A nu fetente 'e chisto ce vulesse
'nu paliatone, 'na scassata d'osse...
Ma comme — dico i' po' — so' sempe 'e stesse
ca t'hanna cumbinà sti guaie ccà?»

---

cannelotte = *candele*
paliatone = *bastonata*

«E che penzate 'e fa' donna Giulietta?»
«E ch'aggia fa'? — rispose 'a puverella —
So che domani viene una carretta,
mme pigliano e mme portano a squaglià».

«Giulietta... via, fatevi coraggio —
(dicette 'o carro armato). Io ero un "Tigre",
il popolo tremava al mio passaggio!...
Mannaggia 'a guerra e chi 'a vulette fa'!

Io so' cosa faranno del mio squaglio:
cupierche 'e cassarole, rubinette,
incudini, martelli, o qualche maglio,
e 'na duzzina 'e fierre pe' stirà».

«Io vi capisco... sono dispiaciuto...
ma p' 'e metalli 'a morte nun esiste;
invece 'e n'ommo, quanno se n'è ghiuto,
manco 'na cafettera se po' ffa'!»

Sarchiapone e Ludovico

Teneva diciott'anne Sarchiapone,
era stato cavallo ammartenato,
ma... ogne bella scarpa 'nu scarpone
addeventa c' 'o tiempo e cu ll'età

Giuvinotto pareva n'inglesino,
uno 'e chilli cavalle arritrattate
ca portano a cavallo p' 'o ciardino
'na signurina della nobiltà.

Pronto p'ascì sbatteva 'e ccianfe 'nterra
frieva, asceva 'o fummo 'a dint' 'o naso,
faville 'a sotto 'e piere, 'o ffuoco! 'A guerra!
S'arrevutava tutt' 'a Sanità.

Ma... ogni bella scarpa 'nu scarpone
c' 'o tiempo addeventammo tutte quante;
venette pure 'o turno 'e Sarchiapone.
Chesta è la vita! Nun 'nce sta che ffa'.

'e ccianfe = *le zampe*
frieva = *friggeva*
asceva = *faceva uscire*

Trista vicchiaja. Che brutto destino!
Tutt' 'a jurnata sotto a 'na carretta
a carrià lignammo, prete, vino.
«Cammina, Sarchiapò! Cammina, ààh!».

'O carrettiere, 'nfamo e disgraziato,
cu 'a peròccola nmano, e 'a part' 'o gruosso,
cu tutt' 'e fforze e ddà sotto 'o custato
'nfaccia 'a sagliuta p' 'o fa' cammenà.

 stalla ll'aspettava Ludovico,
'nu ciucciariello viecchio comme a isso:
pe' Sarchiapone chisto era n'amico,
cumpagne sotto 'a stessa 'nfamità.

Vicino tutt' 'e dduie: ciuccio e cavallo
se facevano 'o lagno d' 'a jurnata.
Diceva 'o ciuccio: «I' nce aggio fatto 'o callo,
mio caro Sarchiapone. Che bbuò fa'?

---

a carrià lignammo = *a caricare legname*
prete = *pietre*
peròccola = *bastone*
e 'a part' 'o gruosso = *dalla parte grossa*
'nfaccia 'a sagliuta = *di fronte alla salita*
I' nce aggio fatto 'o callo = *io ci ho fatto il callo*
Che bbuò fa'? = *che ci vuoi fare?*

Io te capisco, tu te si' abbelùto.
So' tutte 'na maniata 'e carrettiere,
e, specialmente, 'o nuosto, è 'o cchiù cornuto
ca maie n'ce puteva capità.

Sienteme bbuono e vide che te dico:
la bestia umana è un animale ingrato.
Mm'hê a credere... parola 'e Ludovico,
ca mm'è venuto 'o schifo d' 'o ccampà.

Nuie simmo meglio 'e lloro, t' 'o ddico io:
tenimmo core 'mpietto e sentimento.
Chello ca fanno lloro? Ah, no, pe' ddio!
Nisciuno e nuie s' 'o ssonna maie d' 'o ffa'.

E quanta vote 'e dicere aggio 'ntiso:
«'A tale ha parturito 'int' 'a nuttata
na criatura viva e po' ll'ha accisa.
Chesto 'na mamma ciuccia nun 'o ffà!».

«Tu che mme dice Ludovico bello?!
Overo 'o munno è accussì malamente?».
«E che nne vuo' sapé, caro fratello,
nun t'aggio ditto tutta 'a verità.

---

abbelùto = *avvilito*
'na maniata = *una masnada*
Mm'hê a credere = *mi devi credere*
s' 'o ssonna maie d' 'o ffa' = *si sogna mai di farlo*

Tu si' cavallo, nobile animale,
e cierti ccose nun 'e concepisce.
I' so' plebbeo e saccio tutt' 'o mmale
ca te cumbina chesta umanità».

A sti parole 'o ricco Sarchiapone
dicette: «Ludovì, io nun nce credo!
I' mo nce vò, tenevo 'nu padrone
ch'era 'na dama, n'angelo 'e buntà.

Mm'accarezzava comm'a 'nu guaglione,
mme deva 'a preta 'e zucchero a quadrette;
spisse se cunzigliava c' 'o garzone
(s'io stevo poco bbuono) ch'èva fa'».

«Embè! — dicette 'o ciuccio — Mme faie pena.
Ma comme, tu nun l'hê capito ancora?
Si, ll'ommo fa vedè ca te vo' bbene
è pe' 'nu scopo... 'na fatalità.

Chi pe' 'na mano, chi pe' 'n'ata mano,
ognuno tira ll'acqua al suo mulino.
So' chiste tutte 'e sentimente umane:
'a mmiria, ll'egoismo, 'a falsità.

I' mo nce vò = *Io fino a poco fa*
'a preta 'e zucchero = *una zolletta di zucchero*
ch'èva fa' = *cosa doveva fare*
'a mmiria = *l'invidia*

’A prova è chesta, caro Sarchiapone:
appena si’ trasuto ’int’ ’a vicchiaia,
pe’ poche sorde, comme a ’nu scarpone,
t’hanno vennuto e si’ caduto ccà.

Pe’ sotto a chillu stesso carruzzino
’o patruncino tuio ’n’atu cavallo
se ll’è accattato proprio stammatina
pe’ ghi’ currenno ’e pprete d’ ’a città».

’O nobbile animale nun durmette
tutt’ ’a nuttata, triste e ll’uocchie ’nfuse,
e quanno avette ascì sott’ ’a carretta
lle mancavano ’e fforze pe’ tirà.

«Gesù, che delusione ch’aggio avuto!» —
penzava Sarchiapone cu’ amarezza.
«Sai che ti dico? Ll’aggià fa’ fernuta,
mmiezo a sta gente che nce campo a ffa’?»

E camminanno a ttaglio e ’nu burrone,
nchiurette ll’uocchie e se menaie abbascio.
Vulette ’nzerrà ’o libbro Sarchiapone,
e se ne jette a ’o munno ’a verità.

---

pe’ ghi’ currenno ’e pprete = *per correre sulle pietre*
ll’uocchie ’nfuse = *gli occhi bagnati*
a ttaglio = *sul ciglio*
nchiurette = *chiuse*
se menaie abbascio = *si gettò di sotto*
a ’o munno ’a verità = *al mondo della verità*

L'indesiderabile

Non so perché se entro in una casa
è comme fosse entrato 'o schiattamuorto.
E nun mme faccio ancora persuaso
pecché sta ggente po' mme guarda stuorto,
e sotto 'a lengua 'e ssento 'e rusecà.

«'Ih quanto è brutto! Pozza jettà 'o sango!».
«Io 'o desse 'nu bicchiere 'e stricchinina!».
«Io quanno 'o veco faccio 'a faccia janca».
«Se n'adda accattà tutte mmericine!».
«Sotto a 'nu trammo mo che ghiesce 'a ccà!».

E nun capisco, po' pecché sta ggente
si mostra sì villana e senza classe,
che tengo 'a rogna, neh? I' so' ll'agente,
ll'agente incaricato delle tasse.
'O contribuente mm'adda rispettà'!

'e rusecà = *rosicchiare*
'o sango! = *il sangue!*
Io 'o desse = *io glielo darei*
mmericine! = *medicine*
mo che gliesce 'a ccà! = *appena esce di qui!*

INDICE